中国儿童核心素养培养计划

课后半小时

小学生阶段阅读

文化基础 × 自主发展 × 社会参与

保护地球

课后半小时编辑组 ■ 编著

我们一起行动起来！

025

北京理工大学出版社
BEIJING INSTITUTE OF TECHNOLOGY PRESS

第 1 天 万能数学 〈数学思维〉
第 2 天 地理世界 〈观察能力　地理基础〉
第 3 天 物理现象 〈观察能力　物理基础〉
第 4 天 神奇生物 〈观察能力　生物基础〉
第 5 天 奇妙化学 〈理解能力　想象能力　化学基础〉

第 6 天 寻找科学 〈观察能力　探究能力〉
第 7 天 科学思维 〈逻辑推理〉
第 8 天 科学实践 〈探究能力　逻辑推理〉
第 9 天 科学成果 〈探究能力　批判思维〉
第 10 天 科学态度 〈批判思维〉

文化基础　**科学基础**　**科学精神**　**人文底蕴**

核心素养之旅
Journey of Core Literacy

　　中国学生发展核心素养，指的是学生应具备的、能够适应终身发展和社会发展的必备品格和关键能力。简单来说，它是可以武装你的铠甲、是可以助力你成长的利器。有了它，再多的坎坷你都可以跨过，然后一路登上最高的山巅。怎么样，你准备好开启你的核心素养之旅了吗?

第 11 天 美丽中国 〈传承能力〉
第 12 天 中国历史 〈人文情怀　传承能力〉
第 13 天 中国文化 〈传承能力〉
第 14 天 连接世界 〈人文情怀　国际视野〉
第 15 天 多彩世界 〈国际视野〉

第 16 天 探秘大脑 〈反思能力〉
第 17 天 高效学习 〈自主能力　规划能力〉
第 18 天 学会观察 〈观察能力　反思能力〉
第 19 天 学会应用 〈自主能力〉
第 20 天 机器学习 〈信息意识〉

学会学习

自主发展

健康生活
第 21 天 认识自己 〈抗挫折能力　自信感〉
第 22 天 社会交往 〈社交能力　情商力〉

社会参与　**责任担当**　**实践创新**　**总结复习**

第 26 天 生命密码 〈创新实践〉
第 27 天 生物技术 〈创新实践〉
第 28 天 世纪能源 〈创新实践〉
第 29 天 空天梦想 〈创新实践〉
第 30 天 工程思维 〈创新实践〉

第 31 天 概念之书

第 23 天 国防科技 〈民族自信〉
第 24 天 中国力量 〈民族自信〉
第㉕天 保护地球 ●责任感　反思能力　国际视野

卷首

未来的样子

　　未来会是什么样子呢？我曾无数次看着浩瀚的星空，畅想着未来可能的样子：也许那时大街小巷都是汽车人，可以奔驰在宽阔的马路上，也可以穿梭在城市的上空，它还能自动躲避危险，不会发生事故；也许那时已经发现了第二个适合人类居住生活的星球，开设了两个星球之间的星际航线，每个人都能看到太空美景，选择自己喜欢的星球定居；也许那时……这些遥想的未来都十分美好，也让我很向往，但是未来真的只会朝着我们想要的方向去发展吗？

　　答案是否定的，未来可能并不美好，反而是糟糕的。探索太空适合人类生活的星球固然很好，但到现在为止，我们能够生活的家园只有一个，那就是——地球。你有没有感觉现在的夏天格外炎热，冬天又格外寒冷？这是生态环境遭到破坏导致的全球气候异常。你有没有见过雾霾，空气中满是肉眼可见的尘埃？这是环境受到破坏造成的后果。你有没有看到过新闻，生活在大海里的海豚由于吞食了很多垃圾，最后搁浅导致死亡？这是海洋受到污染导致的。你有没有……所以，未来会是什么样的呢？

　　未来是不确定的，毫无疑问的是，未来的科技会比现在更加发达，但是未来究竟是哪种样子的，则取决于我们的行动！地球上的生态环境虽然受到了破坏，但同时也有很多人在保护着它，保护着我们共同生活的这颗星球。一代代的护林人，一群群的护江人，一个个自然保护区的建立……这些都是我们在为美好未来做出的努力。

　　亲爱的小读者们，如果你们也想为保护地球尽一份自己的力量，那就看看这本书，希望它成为你环保路上的基石，也希望我们能共同创造一个美好的未来！

于贵瑞

中国科学院院士，生态学家

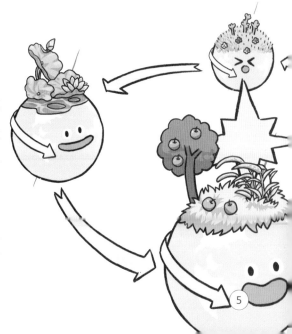

地球仪为什么是歪的呢？

撰文：的的

虽然人们都生活在地球上，但是要想认识地球，则需要借助一些工具，比如一个地球仪。地球仪是人们仿照地球的样子制作的模型，装在支架上，可以转动，上面画着海洋、陆地、河流、山脉等，是我们认识地球的好帮手。但你发现了吗？地球仪一直是歪着的，这是为什么呢？

歪着的地球仪，可不是随随便便做的，而是有特殊设计的。因为地球不仅在自转，还在绕着太阳公转，相对于公转轨道的平面，自转轨道的平面是倾斜的，所以地球仪就是歪的了。关于地球，还有很多这样的小知识，继续看下去吧！

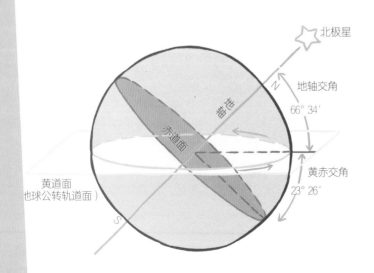

▶随手小记

地球的自转和公转都各有一个轨道面，自转的轨道面叫作赤道面，公转的轨道面称为黄道面。黄道面与赤道面之间有一个大小为23°26′的夹角，叫作黄赤交角。

白鳍豚被宣布功能性灭绝

撰文：硫克

在长江中下游和洞庭湖、鄱阳湖等水域里，生活着一种中国特有的淡水鲸类——白鳍豚，被誉为"长江女神"。但由于人类的种种活动，白鳍豚的数量锐减，成了世界上 12 种最濒危的动物之一，被称为"水中的大熊猫"。

2006 年，我国曾对白鳍豚组织了一次长达 38 天的考察活动，虽然当时已经使用了世界上最先进的装备，但仍然没能发现白鳍豚的踪影。也是根据这次考察活动的结果，2007 年，英国学术期刊《皇家协会生物信笺》发表报告，宣布存在了 2000 多万年的白鳍豚"功能性灭绝"。

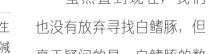

▶随手小记

功能性灭绝，指某个或某类生物在自然条件下，种群数量减少到无法维持繁衍的状态，也是物种灭绝的前兆。

虽然直到现在，我们也没有放弃寻找白鳍豚，但毫无疑问的是，白鳍豚的数量已经非常稀少了。并且，像白鳍豚这样濒临灭绝的动物还有不少，而这一切和地球的生态环境遭到破坏脱不开关系，所以，保护地球生态已经迫在眉睫。我们每个人都应该出一份力，共同维护岌岌可危的地球生态。

地球的诞生

撰文：王琪美
美术：杨子

大约在 46 亿年前，在美丽的银河系中，诞生了太阳。

太阳的一些尘埃和气体飘散在宇宙中，慢慢碰撞、融合，变成了一块块小岩石，然后逐渐集聚形成了一个大的球形星球。

星球表面有着厚厚的岩石层，它们分分合合不断移动，最后形成了山脉、峡谷。

大约 39 亿年前，星球冷却，温度降低，大量的水蒸气在云层中凝结，然后下起了大暴雨！

这场暴雨持续了数百万年，直到这个星球表面被 70% 的水覆盖，于是就形成了海洋。

讲到这里，相信大家都已经猜到了。

没错，这颗神奇的星球就是我，人类共同的家园——地球。

昼夜为什么会更替呢？

本文撰稿人：李梓涵

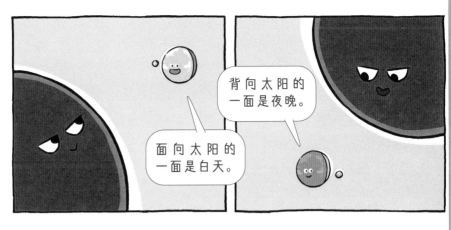

地球是一个不会发光的球体，而我们看到的光亮其实是太阳照射过来的。当地球的一面面向太阳时，就是白天；而背向太阳的那一面，没有太阳的照射，就是夜晚。那为什么白天和夜晚会交替出现呢？难道是太阳一到夜晚就消失了？

其实太阳并没有消失，只是因为地球会不停地自转，所以就产生了周期为24小时的昼夜交替。如果从太空看地球，就会发现地球表面有一条黑夜和白天的分界线，我们把它叫作晨昏线。地球自西向东转，由黑夜进入白天的分界线为晨线，由白天进入黑夜的分界线为昏线。

▶随手小记

一天之中，太阳位于某地天空最高点时，此地的时间为12点。由于地球在不停地自转和公转，在同一时刻，地球上不同地区之间的时间会有差异，这就是时差。

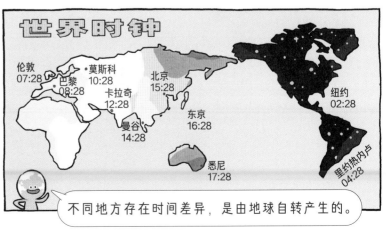

四季为什么会
变换呢？

撰文：陶然

我们拿北半球举例，地球自西向东围绕太阳公转。当太阳直射点由南向北落在赤道上时，春季到来。

地球继续向东转，太阳直射点落在南回归线上时，冬季到来。

当地球围绕太阳公转90度，太阳直射北回归线时夏季到来。

地球公转转过180度，太阳再次直射赤道时，秋季到来。

古人的智慧
——二十四节气

撰文：一喵师太

人们根据地球绕日公转的位置，定出 24 个点，每个点叫一个节气。

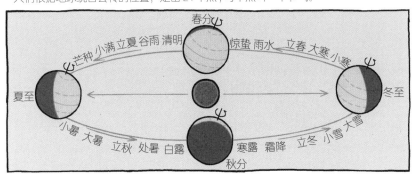

春分
惊蛰 雨水 立春 大寒 小寒
芒种 小满 立夏 谷雨 清明
冬至
夏至
小暑 大暑 立秋 处暑 白露
寒露 霜降 立冬 小雪 大雪
秋分

二十四节气，是中国古代劳动人民对天文、气象进行长期观察、研究的产物。人们根据地球绕日公转的位置，定出 24 个点，每个点叫一个节气。2016 年，"二十四节气"被正式列入联合国教科文组织人类非物质文化遗产代表作名录。

作为农耕文明的产物，"二十四节气"影响着人们生活的方方面面。它不仅指导着农业生产活动，还是中国人特有的时间知识体系。一些节气还和民间文化相结合，成为人们的固定节日。

寒露，水汽凝结成露水，天气由凉爽慢慢变寒冷。
重阳节一般在寒露前后。这个时节主要是水稻成熟，
冬小麦开始播种。

霜降，天气转凉，
露水凝结成霜。霜降是秋季的
最后一个节气，这时农事基本已
完成，准备迎接寒冷的冬天。

冬至，二十四节气中一个重要的节气，
也是中国民间的传统节日。这一天也
被叫作"冬节"。在中国北方地区，
有冬至吃饺子的习俗。

什么是生态系统?

你见过热带雨林吗?
那里生活着各种各样的动植物,因为
热带雨林适宜生物生长。

你见过沙漠吗? 一望无际的沙漠里只
有很少的动植物能够生存,因为沙漠环境
炎热干燥,大部分的生物都难以适应。

生物依赖环境生存,但同时也在悄悄改变着
自己的生活环境。鱼儿离不开水,花儿离不开太阳……
这些都是生物生存的环境提供的,脱离了环境的生物将难
以生存;但反过来说,没有了生物,环境也失去了存在的
意义。包围着地球的大气层、地球上的水循环、地球的气
候状况等,都是受到了生物的影响才逐渐形成的。

地球上的生物之间彼此也是互相联系和影响的,
它们和地球上的环境密切结合,构成了一个统一的整体,
这就是生态系统!

撰文:硫克

> **敲黑板**
>
> **生态系统和人有什么关系呢?**
>
> 人类是高智商的动物,也是大自然的重要组成部分,人类的过去、现在和未来都与其他生物和环境密不可分;同时,无论是破坏自然,还是保护自然,人类都比其他生物有更强大的力量。所以,保护地球的生态,人类有着不可推卸的责任和义务。

谁在给地球加温？

撰文：硫克　美术：王婉静　张秀雯等

接踵而至的问题

撰文：…的的

随着人类的发展速度越来越快，人类对环境的影响也越来越大。许多人类活动已经对地球生态造成了破坏，导致了全球性的大气污染、水污染、水土流失、气候变化……

可怕的酸雨

由于大气污染，天上下的雨可能不是正常雨水，而是带有腐蚀性的酸雨。酸雨是燃烧煤、石油和天然气时产生的具有酸性的化学物质和大气中的水结合而形成的雨，不仅能杀死水里的生物，破坏水里的生态环境，还能破坏土壤，导致植物生长缓慢，容易生病。此外，酸雨会腐蚀金属、建筑物和历史遗迹，并且会危害人体。

正在减少的臭氧

在我们看不到的大气层中，有一种物质在默默保护着地球上的生物，它就是臭氧。臭氧可以吸收对生物有害的紫外线和一些其他射线，是地球生物的一把保护伞。但是人类使用的一些物品，如冰箱里的制冷剂、清洗剂等被排放到大气层后，里面含有的部分化学物质可能在紫外线的照射下发生分解，分解产生的某些物质会和臭氧发生化学反应，导致臭氧被消耗，不断地减少。

主编有话说

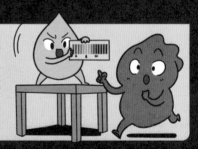

化学上，用 pH 值表示水溶液的酸碱度，pH 值越低，酸性越高。正常雨水的 pH 值一般都在 6 左右，而酸雨的 pH 值则小于 5.6。

畅游全球生物群落

撰文：硫克
美术：王婉静 张秀雯等

通常来说，生物不是单一出现的，而是组合起来的，只要条件合适，任何区域内都会出现一定的生物组合，这就是生物群落，它包括区域内的所有动物、植物和微生物。地球上存在很多不同类型的生物群落，我们一起去看看吧！

第一站我们来到了热带雨林！这里全年炎热，几乎每天都下雨。

世界上的热带雨林都分布在地球的"腰部"，最具代表性的是南美洲的亚马孙河流域。

热带雨林最引人瞩目的特点是动植物种类非常多，比如，除了人类之外，地球上 90% 的灵长类动物都生活在热带雨林中。

植物的种类多了，动物的种类也就多了，植物是塑造环境的重要角色！

最后一站我们来到了荒漠，这里特别干旱，大风整天把沙子刮得飞来飞去，只有少数耐干旱的植物能生存下去，比如仙人掌。

这里的动物也很少，环境太恶劣了，根本不适合生存。

一个群落中，多种生物生活在同一片区域里，不可避免地会产生一些关系，最常见的一种关系是捕食。

此外，还有互利共生关系。比如，蚂蚁喜欢吃蚜虫分泌的蜜露，常用触角抚摸蚜虫，让蚜虫把蜜露直接分泌到自己口中，同时，蚂蚁也精心保护蚜虫，驱赶并杀死蚜虫的天敌。

两种生物一起生活，这让我想起了跳蚤，它们也总是生活在大体型的动物身上，也是互利共生的关系吗？

不是的，这种关系叫寄生。跳蚤并不会给大型动物带来什么好处，甚至还要吸它们的血，损害它们的利益，所以叫寄生。

那这些就是群落中的所有关系了吗？

这是我的地盘！

我也住在这里！

不是哦，还有竞争关系！不同的物种因为某种资源而争夺和竞争。

历史上的生物大灭绝

撰文：王章俊 王鑫等

从地球上的生命诞生之初到现在，经过了长达数亿年的时间，其间有无数的物种经历了由诞生到灭绝的过程。根据科学家的研究，地球至少发生过 5 次生物大灭绝事件。

奥陶纪生物大灭绝事件

4.4 亿年前

泥盆纪生物大灭绝事件

3.77 亿年前

▶ 奥陶纪生物大灭绝事件

4.4 亿年前的一天，宇宙中的一颗中子星和黑洞相撞，产生了几束伽马射线暴，其中一束击中了地球，瞬间破坏了地球的臭氧层。阳光中的紫外线直接穿透了大气层，杀死了海洋中的大量浮游生物，导致海洋生物食物匮乏；同时，射线带来的辐射还杀死了大量珊瑚，破坏了海洋生物的栖息地。

随着时间的流逝，地球上的所有生物都在饥饿中苦苦挣扎，互相残杀。雪上加霜的是，地球上的气体分子重新组合成大量的二氧化氮，遮住了阳光，使得地球开始迅速变冷，环境变得越来越糟糕，大量的海洋生物丧命。直到 40 万年后，灾难才渐渐停止，这次事件导致当时地球上 85% 的物种灭绝，海洋变得死气沉沉。

鹦鹉螺

敲黑板

奥陶纪指的是 4.88 亿年前到 4.44 亿年前之间，一共约 4400 万年的时间。当时世界上的许多地区都被浅海海水掩盖着，海洋生物空前繁盛，有三叶虫、笔石、鹦鹉螺、海百合等。其中，鹦鹉螺身体巨大，非常凶猛，在海洋中几乎没有天敌，是当之无愧的海洋霸主。

▶ 泥盆纪生物大灭绝事件

邓氏鱼

3.77 亿年前，地球忽然开始剧烈晃动，与此同时，大量高温气体和岩浆从火山中喷涌而出。岩浆流过地面，流入海洋，导致了陆地和海洋中的大量生物死亡。那些喷发的有毒气体和火山灰遮天蔽日，笼罩地球近 200 万年。

长时间照不到太阳的地球变得越来越冷，进入了严重的冰期，再加上持续了好几年的降雪，大批大批的生物因为无法适应气温的改变而死去。直到最后，寒冷的天气过去了，火山不再喷发，地球上 75% 的生物却永远消失了。

敲黑板

泥盆纪指的是 4.16 亿年前到 3.6 亿年前之间，共约 5 600 万年的时间。从泥盆纪开始，地球上出现了昆虫和两栖类动物，但最繁盛的还是遍布海洋的鱼类，泥盆纪也因此被称为"鱼类时代"。其中，拥有超强咬合力的邓氏鱼是这一时期的海洋霸主，可惜它在泥盆纪晚期灭绝了。

2.51 亿年前

二叠纪生物大灭绝事件 ◀

二叠纪生物大灭绝事件

2.51 亿年前，由于一颗或多颗陨石从天而降，巨大的撞击力将无数碎岩石冲击到数万米的高空，随后又散落下来，形成了一场威力巨大的"石头雨"。同时，陨石撞击还引起了大规模的火山喷发，特别是西伯利亚地区尤为严重。

岩浆烧毁了大片森林，植食性动物因缺乏食物被饿死，不久之后，肉食性动物也因为缺乏植食性动物作为食物而陷入饥饿，食物链被彻底破坏。火山喷出的有毒气体则扩散到大气中，使全球气温剧烈升高，短短十几年时间，地球平均气温从 16℃升到了 40℃！

这次灭绝事件是五次大灭绝中最严重的一次，它灭绝了 95% 的海生生物和 75% 的陆生生物，基本毁灭了已经形成的生态系统。

敲黑板

二叠纪指的是 2.99 亿年前到 2.51 亿年前之间，共约 4 800 万年的时间。这一时期，陆地面积进一步扩大，最终形成了一块面积广阔的盘古大陆。二叠纪的生物数量众多，种类丰富，陆地和海洋都有各种各样的物种生活，但最繁盛的要数爬行动物，尤其是早期的似哺乳类爬行动物，它们正是哺乳动物的先祖。

始祖单弓兽

三叠纪生物大灭绝事件

2亿年前，宇宙中一颗巨型陨石飞速撞向地球，猛烈的撞击导致大面积的火山爆发，火山喷出的热气使地球温度升高。一方面，高温使大量海水蒸发，海平面下降，海水中氧气不足，海生生物遭受灭顶之灾；另一方面，它也给了陆生生物一记重创，动物们在高温中挣扎求生，大批的动物因此丧生。

等到火山喷出的热量消耗殆尽，地球又进入了大规模的冰期，全球气温急速下降，很多动物的卵因为温度过低无法孵化，陆续走向了灭绝……

这次事件导致当时地球上76%的物种灭绝，海生生物更是大量灭绝，而损失最惨重的当属鳄类，凶猛的狂齿鳄就是在这时灭绝的。

敲黑板

三叠纪指的是2.51亿年前到2亿年前之间，共约5100万年的时间。三叠纪的陆生爬行动物出现了很多新的种类，有了原始的哺乳动物和最早的恐龙。这一时期恐龙的种类已经比较多了，在生态系统中占据了重要的地位，三叠纪也因此被称为"恐龙时代前的黎明"。

始盗龙

2亿年前

三叠纪生物大灭绝事件

白垩纪生物大灭绝事件

白垩纪生物大灭绝事件

6 500 万年前，一颗直径大约 10 千米、质量约 2 000 亿吨的小行星碎片进入了地球大气层。它在与大气层不断摩擦后，变成了一个从天而降的超级大火球，在墨西哥湾的尤卡坦半岛与地球相撞，形成了巨大的希克苏鲁伯陨石坑。

这次撞击引起了一系列的地震、海啸和火山喷发，厚达几千米的火山灰遮天蔽日，使地球温度急剧下降，时间长达数十年。在这期间，大量藻类死亡，森林被毁，食物链被破坏，大批动物因饥饿而死，身形巨大的恐龙首当其冲，包括恐龙、翼龙和沧龙等在内的爬行动物都灭绝了，"恐龙时代"宣告结束。

敲黑板

白垩纪指的是 1.45 亿年前到 6 500 万年前之间，共约 8 000 万年的时间。这一时期，气候相当暖和，大陆被海洋分开，出现了开花植物。同时，这是恐龙和各种爬行动物十分繁荣的时代，被称为"恐龙时代"。虽然这时候也有哺乳动物，但它们大多都很小，体长不足 1 米，在恐龙看不到的地方小心翼翼地生活着。

霸王龙

6500 万年前

260 万年前

第六次生物大灭绝？

白垩纪生物大灭绝事件使恐龙成为历史，而当时体型很小的哺乳动物则逃过一劫，并在地球恢复平和后，走出洞穴，迅速发展壮大……直到 260 万年前，第四纪冰期开始，急剧的环境变化迫使所有动物进化以适应新环境，灵长类更是练就了直立行走的新技能，开启了辉煌的"人类时代"。

可是，人类的发展也给地球带来了许多问题。资源的大量消耗、大面积的环境污染，再加上人类的乱砍滥伐和滥捕乱杀，地球上的生物种类正在快速减少，环境也日益恶化。那么，地球是否即将迎来第六次生物大灭绝？

这个问题的答案我们不得而知，但毫无疑问的是，我们应该重视起来，保护地球生态环境，从而避免第六次生物大灭绝的发生。

前往中国种子库

撰文：硫克
美术：王婉静 吴帆等

要预防生物灭绝，最简单的方法就是把种子保存下来，让它们能一直延续下去……

种子里有植物的遗传物质，可以保证后代完整地复制"父母"的基因，从而保证物种的延续。

生物大灭绝是一个漫长的过程，人类现在就已经可以依靠种子库进行一些研究，抵抗未来的大灭绝了。

哎呀，忘了自我介绍了。你好，我是银杏树的种子，也是种子库的一员。

我们到了！

这里就是我的住处——种子库！

种子库的全称是中国西南野生生物种质资源库①，包含5个大库。

植物离体库

主要保存中间性和顽拗性种子②以及难以用种子保存的植物。

植物 DNA 库

提取植物 DNA、保存野生植物的总 DNA，用于科学研究。

植物种子库

种子库的核心，保存着脱水后可以存活的正常性种子。

长期、安全、有效地保存具有重要经济价值的大型真菌种质资源。

微生物库

主要保存珍稀濒危的野生脊椎动物种质资源。

动物种质库

①种质资源就是遗传资源，保存生物的遗传物质。
②中间性种子和顽拗性种子指的是脱水后难以或无法存活的种子，需要用特殊方式保存。

世界各地的种子库

为了保护地球生物的多样性,除了中国之外,还有很多其他国家也建了种子库,如挪威、澳大利亚、英国等。

全球最大种子库

撰文：硫克

斯瓦尔巴全球种子库

国家 挪威

地址 北冰洋斯瓦尔巴群岛首府朗伊尔城

建成时间 2008 年

建造目的 为了在大规模的区域性或全球性危机出现期间防止某些种子基因的遗失,并进一步保存和备份种子的样本,因此别名"末日种子库"。

英国基尤千年种子库

国家 英国

地址 英国南部的韦克赫斯特植物园

建成时间 2000 年

建造目的 关注濒危野生植物,并对这类植物的种子开展科学研究。

南半球最大的"种子银行"

澳大利亚种子银行

- **国家** ▶ 澳大利亚
- **地址** ▶ 澳大利亚悉尼市安南山地区
- **建成时间** ▶ 2013 年
- **建造目的** ▶ 搜集澳大利亚各地的种子，保护本地生物多样性。

新加坡植物园种子库

- **国家** ▶ 新加坡
- **地址** ▶ 新加坡植物园
- **建成时间** ▶ 2019 年
- **建造目的** ▶ 通过保存东南亚植物的种子和种质来保护植物物种。

你看，全世界都在积极努力，保存生物种源，为可能要再次经历生物灭绝灾难的地球留下一线生机。而我们现在要做的，就是与地球上的其他物种和谐相处，不再让它们从世界上消失。

青出于蓝

什么样的物种会被采集到种子库呢?

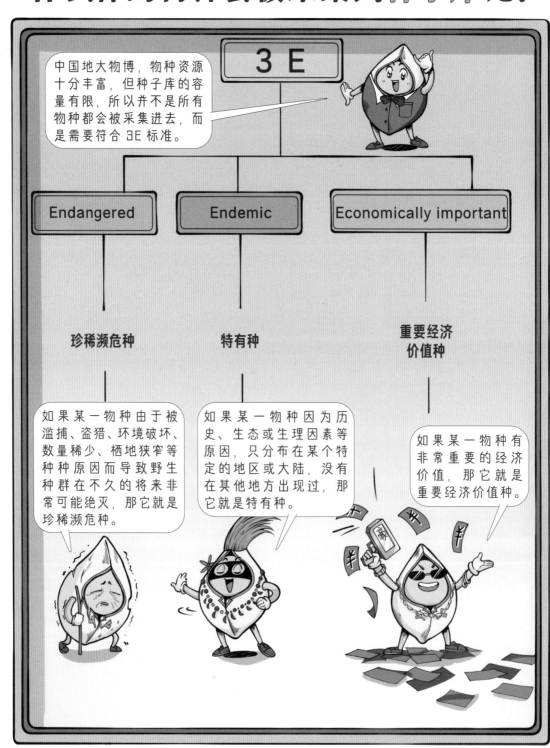

3 E

中国地大物博,物种资源十分丰富,但种子库的容量有限,所以并不是所有物种都会被采集进去,而是需要符合 3E 标准。

Endangered | Endemic | Economically important

珍稀濒危种 | 特有种 | 重要经济价值种

如果某一物种由于被滥捕、盗猎、环境破坏、数量稀少、栖地狭窄等种种原因而导致野生种群在不久的将来非常可能绝灭,那它就是珍稀濒危种。

如果某一物种因为历史、生态或生理因素等原因,只分布在某个特定的地区或大陆,没有在其他地方出现过,那它就是特有种。

如果某一物种有非常重要的经济价值,那它就是重要经济价值种。

保护地球生态，我们该怎么做呢？

于贵瑞院士

中国科学院地理科学与资源研究所研究员，生态学家，长期从事生态学与地理学交叉研究。获全国优秀科技工作者、全国创新争先奖、科学中国人年度人物等多项荣誉。

我们需要做

1 我们可以尽量选择不排放二氧化碳的方式出行，如步行、骑自行车等；还可以乘坐如公交、地铁等公共交通出行，减少二氧化碳的排放。

2 我们要积极地植树造林，身体力行地改善地球环境。

3 我们要认真整理垃圾、遵守垃圾分类规则，使不同的垃圾能得到更妥当的处理。

4 我们可以节约资源，比如随手关灯、随手关水龙头等，为后代留下更多财富！

千万不要做

1 我们不要伤害动物，因为动物已经越来越少了！

2 我们不要随意砍伐树木，破坏环境，不然沙尘暴就会找上门！

3 我们不要乱扔垃圾，得不到处理的垃圾最后还是会污染我们自己生活的环境！

THINKING
头脑风暴

撰文：硫克

为了实现可持续发展，我们提倡采取更环保的生活方式，下面哪些行为有利于环保？

①绿色出行

②垃圾分类

③排放废气

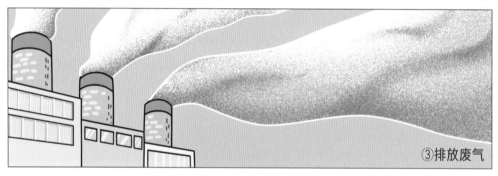

④节约资源

六年级 科学

下面的生态系统里似乎有"误入"的成员,
你能找出它们吗?

名词索引

头脑风暴答案

P36：①②④

P37：大熊猫、驯鹿、企鹅、雪兔

致谢

《课后半小时　中国儿童核心素养培养计划》是一套由北京理工大学出版社童书中心课后半小时编辑组编著，全面对标中国学生发展核心素养要求的系列科普丛书，这套丛书的出版离不开内容创作者的支持，感谢米莱知识宇宙的授权。

本册《保护地球　我们一起行动起来》内容汇编自以下出版作品：

[1]《这就是地理：地球》，北京理工大学出版社，2020 年出版。

[2]《这就是生物：地球生态需要保护》，北京理工大学出版社，2022 年出版。

[3]《生命简史：从宇宙起源到人类文明》，中国大地出版社，2018 年出版。

[4]《超级工程驾到：云南西南野生种子库》，北京理工大学出版社，2023 年出版。

图书在版编目（CIP）数据

课后半小时：中国儿童核心素养培养计划：共31册/
课后半小时编辑组编著. -- 北京：北京理工大学出版社，2023.5
　　ISBN 978-7-5763-1906-4

　　Ⅰ.①课… Ⅱ.①课… Ⅲ.①科学知识—儿童读物
Ⅳ.①Z228.1

　　中国版本图书馆CIP数据核字(2022)第233813号

出版发行 / 北京理工大学出版社有限责任公司
社　　　址 / 北京市海淀区中关村南大街5号
邮　　　编 / 100081
电　　　话 /（010）82563891（童书出版中心）
网　　　址 / http://www.bitpress.com.cn
经　　　销 / 全国各地新华书店
印　　　刷 / 雅迪云印（天津）科技有限公司
开　　　本 / 787毫米×1092毫米　1 / 16
印　　　张 / 83.5
字　　　数 / 2480千字　　　　　　　　　　　　　　　　责任编辑 / 李慧智
版　　　次 / 2023年5月第1版　2023年5月第1次印刷　　文案编辑 / 李慧智
审 图 号 / GS（2020）4919号　　　　　　　　　　　　责任校对 / 刘亚男
定　　　价 / 898.00元（全31册）　　　　　　　　　　责任印制 / 王美丽